我的第一套视觉百科

哺乳动物

张功学◎主编

陕西新华出版传媒集团
未来出版社

前言

虽然绝大多数哺乳动物不能像鸟一样在天上翱翔,也无法像鱼一样在水里游弋,更没有昆虫广泛的适应性和顽强的生命力,但是它们有自己的独特之处,也无可替代。从聪明的灵长类到凶猛无比又特立独行的猫科;从身形矫健的犬科到姿态笨拙的各类熊;从陆地上各种能跑、会跳的牛、马、羊、兔,到海洋里游泳技能高超的鲸,哺乳动物是地球上对生存环境要求差异最大的动物群类。它们是大自然创造的生命奇迹,在地球的生命舞台上奉献了一幕幕精彩的演出。

很多哺乳动物与人类朝夕相处,如牛、羊、狗等,或许正是这个原因,我们对它们有着天然的感情,对那些即将从我们地球家园中消失的哺乳动物也有了更强烈的保护意识。大自然中,生命都是平等的,我们需要尊重地球上的每一个生命,它们是人类永远的朋友。

目 录

什么是哺乳动物……………………………1

哺乳动物的分类……………………………2

原始的哺乳动物……………………………4

长袋子的动物………………………………6

身披"铠甲"的动物…………………………8

爱吃蚂蚁的食蚁兽…………………………10

浑身尖刺的刺猬……………………………12

会飞的哺乳动物……………………………14

聪明的灵长动物……………………………16

矫健的犬科动物……………………………18

凶猛的猫科动物……………………………20

熊的家族 …………………………………… 22

放臭气的鼬科动物 …………………………… 24

水里的哺乳动物 ……………………………… 26

长鼻子的大象 ………………………………… 28

马和它的近亲 ………………………………… 30

大嘴巴的河马 ………………………………… 32

不怕干旱的骆驼 ……………………………… 34

爱吃草的动物 ………………………………… 36

啮齿类动物 …………………………………… 38

长耳朵的兔子 ………………………………… 40

奇特的哺乳动物 ……………………………… 42

什么是哺乳动物

我们知道的很多动物都是哺乳动物,比如牛、马、猫、狗、鲸等。哺乳动物有什么特点,它们看起来差异那么大,我们怎么确定一种动物就是哺乳动物呢?

巨大差异

不同的哺乳动物不仅外形差异很大,生活习性和居住环境也有很大差异。即便是互为近亲的那些动物,也很难让人想到它们会是亲戚。

▲ 狗

恒温动物

哺乳动物体温恒定,所以它们是恒温动物。恒温动物又叫温血动物。与此相应,还有变温动物,也叫冷血动物。

共同特征

哺乳动物是最高等的脊椎动物。不管哺乳动物长什么样子,生活在什么环境中,身上长毛,体温恒定,胎生,新生的幼崽以母乳为食,这些都是绝大多数哺乳动物共有的特征。

▼ 斑马

哺乳动物的分类

虽然哺乳动物之间存在着巨大差异,但人们还是找出了一些办法,同时按照它们间的相互联系,通过一定标准,将有着共同点的哺乳动物归类到一个个"小家庭"中。

▲ 羊是植食哺乳动物

按食性分

哺乳动物的食物来源多种多样,有的吃植物的茎叶和果实,有的捕杀别的动物吃肉,还有的既吃植物也吃肉。根据这些,哺乳动物分为肉食、植食和杂食三大类。

按生活环境分

绝大多数哺乳动物都生活在陆地上,但也有少数生活在水里,还有的既能在水里生活也能适应陆地的环境。据此,它们被大致分为陆生动物和水生动物两大类,如陆生的大象,水生的鲸等。

哺乳动物

肉食动物能主动寻找猎物,捕食猎物,如狮、北极熊、虎、猎豹、狼等

植食动物以植物的根、茎、叶、果实为食,如斑马、长颈鹿、大象、兔、骆驼等

按繁衍方式分

哺乳动物绝大多数都以胎生方式繁衍后代，但也有极少数的种类为卵生。按这个标准，哺乳动物分为胎生哺乳类和卵生哺乳类。

最严格的分类

上面的分类都不算严格的分类，目前最严格的分类法是结合了对动物的身体结构、生活习性等许多方面的综合考虑而进行的划分方法，这就是动物分类法。它将哺乳动物分为原兽亚纲、后兽亚纲和真兽亚纲三大类。

▲ 狼是肉食哺乳动物

▲ 老虎属于胎生哺乳动物

杂食动物既吃植物，也会吃昆虫、鸟、鱼等动物，如狒狒、黑猩猩、狐猴、大熊猫、棕熊等

原始的哺乳动物

原兽亚纲的哺乳动物是现存哺乳类中最原始的类群，仍保留着许多近似爬行动物的原始特征。卵生又是哺乳动物中一种原始的繁衍方式，现今仍保留卵生方式的哺乳动物只有鸭嘴兽和针鼹。

有趣的嘴巴

鸭嘴兽的嘴巴质地柔软，就像皮革一样。不过，在这个扁扁的嘴巴上布满了神经，鸭嘴兽在水里游动时就靠这个嘴巴来收集其他动物发出的电波信号，以此避险和觅食。

奇怪的鸭嘴兽

鸭嘴兽是大洋洲独有的一种哺乳动物，它长着鸭子似的扁嘴巴和脚，身子和尾巴却像海狸，全身长毛。

毒液自卫

鸭嘴兽是会以毒液自卫的极少数哺乳动物之一。雄性鸭嘴兽会通过脚掌上的小刺来分泌毒物，通常这是它追求配偶时用来显摆的工具，遇到危险时这就成了它的防御武器。

哺乳幼仔

鸭嘴兽妈妈会像鸟类一样孵蛋。它没有乳房和乳头，但会在腹部两侧分泌乳汁，出生后的幼仔就趴在妈妈肚子上舔食乳汁。

▼鸭嘴兽

有力的前肢

吃蚂蚁时难免会遇到难搞定的蚁穴,这时候食蚁兽强壮有力的前肢就派上用场了。它们会先用前肢掰开蚂蚁的巢穴,再用长舌捕食,把猎物整个吞下去。

疼孩子的食蚁兽

大食蚁兽非常疼爱自己的孩子,在长达7个多月的哺乳期里,孩子照顾得无微不至,甚至随时随地把孩子背在身上,形影不离。

▲大食蚁兽宝宝

灵敏的嗅觉

食蚁兽的鼻子特别灵敏。也许是因为和蚂蚁打交道久了,对猎物们的气味早已熟记于心,所以食蚁兽常常能循着蚂蚁的气味找到隐藏的蚁穴。

大食蚁兽	小食蚁兽	侏食蚁兽

浑身尖刺的刺猬

什么动物浑身有刺却能蜷成球？你第一个想到的会是刺猬吗？刺猬是一种浑身长满硬刺的小动物。遇到天敌时，它会把自己蜷成一个刺球，就连小尾巴和小短腿都能隐藏到刺球里。

▲ 刺猬宝宝

生来就有的硬刺

刺猬身上的硬刺在它们还未出生时就有了，只不过刚出生的时候还不是刺，只是稀疏的软毛。通常几天之后，这些软毛才会变成硬硬的棘刺。

刺猬的软肋

刺猬的硬刺主要在背上，肚子上是细密的软毛。它们的天敌狐狸熟知这点，抓刺猬时，会把刺猬抛向半空，一旦刺猬身体展开，就趁机咬住它们的肚子。

防御的武器

满身的硬刺对刺猬来说只是防御武器，因为它们都牢牢长在刺猬身上，不会脱落，自然也不会成为攻击敌人的进攻武器。

冬眠与夏眠

刺猬和大部分哺乳动物不同,它们无法让自己的体温保持稳定,所以刺猬到了冬季需要冬眠。生活在沙漠中的刺猬,夏天还要夏眠。

▲ 刺猬冬眠

冬眠中的刺猬

刺猬冬眠的时候体温会下降,呼吸的频率大大降低,其他生理机能也一同减弱。在长达四五个月的冬眠期里,刺猬不吃不喝,即便偶尔醒来也不吃东西,而且很快又会入睡。

不拿薪水的"园丁"

在野外生活的刺猬经常到公园、花园里吃蚂蚁、白蚁、虫蛹、蜗牛、老鼠,甚至是蛇,这些动物经常会被园丁清理掉或赶出花园、公园,刺猬一来,园丁的活就被它们给承包了。

▼ 刺猬

会飞的哺乳动物

蝙蝠是哺乳动物翼手类动物的通称,它们的头部长得很像老鼠,有着类似于翅膀的翼膜,是唯一一类进化出飞翔能力的哺乳动物。昼伏夜出的蝙蝠具有超声波定位能力,雷达就是根据这个发明的呢!

没有羽毛的翼膜

蝙蝠的翼膜由它们的前肢演化而来。这种翼膜跟鸟类的翅膀不一样,上面并没有羽毛,蝙蝠需要从高处滑翔才能飞得起来。

▲ 蝙蝠飞行

蝙蝠怎么定位

蝙蝠发出的声波被外界物体反射回来后,会再被自身的接收器接收。依据反射回来的声波,蝙蝠就能判定周围的环境。

翼膜

超声波定位

蝙蝠会通过我们听不到的超声波,来判定自身的位置和辨别周围的环境。每只蝙蝠都有自己的超声波,就算集体捕食也不会互相干扰。

▲ 蝙蝠倒挂休息

倒挂休息

蝙蝠的前足、后足都有爪，多数蝙蝠在休息时会用后足上的爪抓住树枝或攀附物，倒挂在空中睡觉。

蝙蝠吃什么

大多数蝙蝠都吃昆虫，也有部分蝙蝠吃植物的果实、花粉、花蜜，极少数种类吸血或捕食小鸟、蜥蜴、蛙、鱼等小动物。

蝙蝠住在哪里

蝙蝠常常栖息在各类山洞、岩石缝隙中，或者树洞、树冠里。有的蝙蝠还会飞到人类盖的房子里筑巢为家，尤其是那些老旧、长期没人住的房子。

▲ 蝙蝠栖息在岩石缝隙中

聪明的灵长动物

灵长类是哺乳动物中最高等的一类，它们有着发达的大脑，面部短，眼睛普遍长在面部正前方，手脚的五趾分开，大拇指灵活，便于握物，反应敏捷。

狐猴

在非洲的马达加斯加岛上，生活着各种狐猴。它们有高高竖起的蓬松长尾，狐狸一样的嘴脸，猴子一样的行为举止，是这片岛屿的明星动物。

▲ 狐猴

▶ 狒狒

狒狒

狒狒是正儿八经的猴子，但不像别的猴类那样生活在树上，主要在地上活动。猴群中有猴王，狒狒中有狒王，狒王是狒狒群中的最强者。

蜘蛛猴

蜘蛛猴可不是像蜘蛛那么小的猴子，而是一类尾巴长过身体、四肢细长如蜘蛛，还能直立行走的猴子。

猕猴

猕猴可是动物园里的明星,它们不仅有喜怒哀乐的表情,还特别擅长模仿人类,生气的时候甚至会用石块扔人呢!

◀ 猕猴

长臂猿

长臂猿的两条手臂特别长,直立时能下垂到地面。长而灵活的手臂能让它们在雨林中自由地荡秋千。

领狐猴	几内亚狒狒	白眉长臂猿	普通猕猴

▲ 长臂猿

猩猩

猩猩的前肢很长,没有尾巴。它是与人类关系最近的灵长类动物,非常善于学习,有猩猩、黑猩猩和大猩猩三个分类。

▶ 大猩猩

矫健的犬科动物

犬科动物身体强健、四肢细长,擅长奔跑。它们是我们最熟悉的哺乳动物,在流传的很多故事中都有它们的身影。除了忠实的狗、团结的狼、狡猾的狐狸,你还知道哪些犬科动物呢?

▲ 狗

忠实的狗

狗和人类早在几千年前就结下了友谊,是人类很早就驯化成功的犬科动物。到今天,狗已经成为我们身边最亲密的伙伴。

团结的狼

狼有着集体生活的习性,狼群间的成员不仅团结,而且分工明确、纪律严明。比如集体捕猎时,留守的狼妈妈会负责照顾狼群里的所有小狼崽。

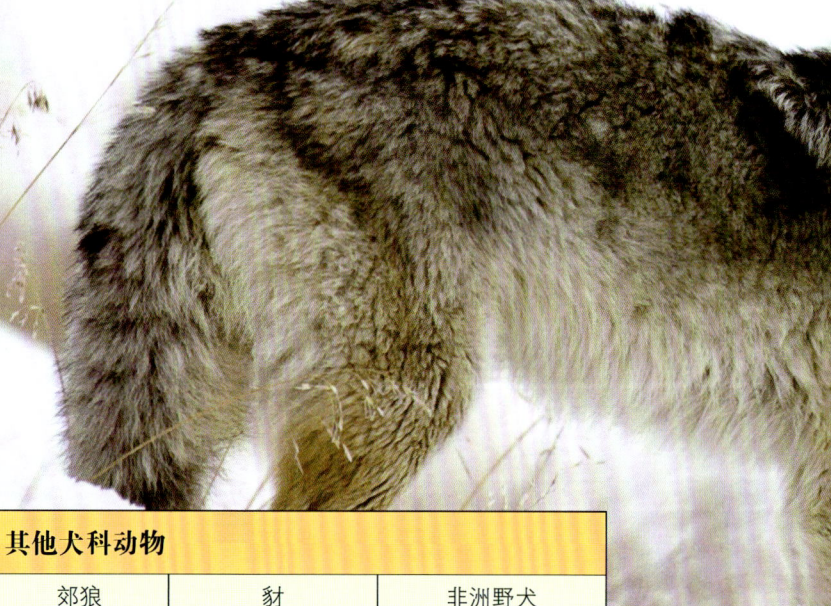

其他犬科动物				
胡狼	鬃狼	郊狼	豺	非洲野犬
狼、犬的近亲,与豺相似,包括亚洲胡狼、黑背胡狼、侧纹胡狼、西门胡狼。	南美洲最大的犬科动物。	灰狼的近亲,北美洲常见的犬科动物。	即亚洲野犬,栖息在东亚、南亚的山地、丘陵地带。	生活在非洲东部、南部大草原上,身上毛色、斑纹杂乱。

鬣狗不是狗

尽管鬣狗名字里有个"狗"字,但它不是狗。鬣狗生活在非洲、亚洲部分地区,有斑鬣狗、土狼、条纹鬣狗、棕鬣狗四种。

狡猾的狐狸

人们常说狐狸狡猾,这话一点也不假。狐狸警惕性很高,为了躲避天敌,住的地方通常会有好几个洞口,稍有不对劲,就会迅速搬家。

▲ 狐狸

与众不同的貉

貉是一种长得很像狐狸,但比狐狸肥胖的犬科动物。它们不仅长得与众不同,连本领和生活习性也有自己的特色,比如会爬树,需要冬眠。

◀ 狼

▲ 貉

凶残的豺

▶ 豺

豺和狼一样喜欢群居,生性凶猛,捕猎的方式和行径比狼更凶残。围捕猎物时,它们会用自己带钩的利爪刺入猎物最薄弱的身体部位,再分而食之。

凶猛的猫科动物

狮子、老虎、豹以及家里养的猫都属于猫科动物。猫科动物有着漂亮的皮毛、锋利的牙齿、尖锐的利爪，以及灵活的身手和凶猛的气势，威风凛凛的同时又有优雅的气度，简直人见人爱。

▲ 老虎

老虎

老虎是丛林中的霸主，它们喜欢独来独往。每一头老虎都会为自己圈定领地，在它的领地内，所有动物都是它捕猎的对象。

狮子

狮子是非洲草原之王，和大多数猫科动物爱独处不一样，狮子过着群居生活。在狮群中，领头的雄狮是名副其实的"一家之主"，雌狮们除了捕猎外，还要照顾狮宝宝。

▶ 雄狮

花豹

比起狮、虎、美洲豹，花豹的个头算小的。它们身手敏捷，本领多多，下得了水还爬得了树。花豹在亚洲被称为金钱豹。

▲ 花豹

猎豹	花豹	美洲豹
身上有黑色斑点，鼻子两侧有黑色泪槽。 	身上斑点密集而且大，外形像虎。 	身上圆形斑圈内有黑点，身体比花豹壮硕。 

野猫

野猫包括了猫科中的绝大多数成员，如金猫、豹猫、猞猁、狞猫、薮猫、兔狲等，它们属于小型猫科动物。

▶ 狞猫

熊的家族

在我们看过的动画片里,熊可是经常出现、名副其实的大明星。虽然动画片里的它们显得笨笨的,但真正的熊果真如此吗?熊家族里又有哪些成员呢?

大熊猫

大熊猫是动物中的"活化石"。名字里有"熊"也有"猫",但真要给大熊猫找亲戚,它们与熊的关系要更近。大熊猫除了块头和熊相近,它们黑白相间的毛色在熊家族里还是独一份呢。

▶ 大熊猫

浣熊不是熊

浣熊可不是熊,而且生活习性与熊还有很大差别。大多数熊都是杂食动物,会捕鱼吃,也会吃果子或蜂蜜。但浣熊是地地道道的肉食动物,是捕鱼高手。

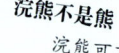

◀ 黑熊

黑熊

黑熊亦称"狗熊",身体肥大,尾巴短,脚掌大,爪有钩,毛色黑亮,胸部有"V"形白斑。黑熊是杂食性动物,主吃植物,也吃蚁类和蜂蜜。

棕熊

棕熊的毛色一定就是棕色的吗？不是。除了棕色，它们还有金色、黑色和棕黑色，以及浅淡的灰色。它们能爬树，会游泳，杂食性。

▲ 棕熊

小熊猫

小熊猫和大熊猫虽一字之差，但差距其实很大。小熊猫并不是熊猫，也不是熊家族的成员。要从严格的动物分类上来看，它们反而与浣熊更接近。

北极熊

北极熊是熊家族里块头最大、攻击性最强的熊，它们生活在北极，常年与冰雪为伴，捕猎海豹等动物。

▲ 北极熊

其他熊类

马来熊主要生活在热带地区，是一种小型熊类动物，不冬眠。

懒熊之所以得此名，可不是因为懒，而是因为趾爪像树懒。

眼镜熊眼睛周围有一圈奶白色的斑纹，看着就像戴了一副眼镜，所以被称为眼镜熊。

▲ 马来熊

23

放臭气的鼬科动物

生活在野外的动物们风里来雨里去,甚至在枯草堆、烂泥潭里打滚,身上有臭味很正常。但是,哺乳动物中却有这样一些成员,它们天生会放臭气,而且臭气熏天,这就是鼬科动物。

黄鼠狼

▲ 黄鼠狼

黄鼠狼有个正式的名字叫黄鼬,肛门处有一对臭腺,在遇到敌人时会放出带着臭味、呈气雾状的液体,以此驱退敌害。

灭鼠能手

黄鼠狼喜欢抓老鼠,也吃鸟类和两栖、爬行动物。不过因为它们有放臭气和偷鸡的习性,以前经常被认为是有害的动物。但事实上,它们是灭鼠能手,是对人类有益的哺乳动物。

臭鼬

▼ 臭鼬

臭鼬之所以"臭名昭著",可要归功于它们体内臭腺发出的奇臭无比的臭气。臭鼬的臭气类似于臭鸡蛋味,不仅非常刺鼻,有时甚至能让人失明。

▼貂

貂

貂的身体像个长长的圆筒，四肢短小，有一条长而蓬松的尾巴。它们的肛门附近有臭腺，也能像黄鼠狼、臭鼬那样，放出臭气赶走敌人。

鼬獾

臭鼬、黄鼠狼和貂是靠放出臭气来御敌自卫的，而鼬獾是真的不爱干净而臭出了名。虽然也会放臭气，但鼬獾那臭味弥漫的家显然更出名。

▼鼬獾

水里的哺乳动物

海狮、海豚、鲸虽然生活在海洋中,但其实都属于哺乳动物,它们保持着用肺呼吸的方式,每隔一段时间便会浮出水面换气。除了这些,生活在水中的哺乳动物还包括海牛、儒艮等。

鲸

尽管鲸的外表很像鱼,但它们并不是鱼,而是哺乳动物,用肺呼吸。它们终生沉浮于大海,已经完全适应了大海中的生活。

▲ 海豚

▶ 鲸

海豚

海豚是一种较小的鲸类,长2米多,鼻孔长在头顶,有较好的记忆力。它也有着非同一般的听力,就算把眼睛蒙起来,它们也能准确追到扔给它们的食物。

鲸的分类	
齿鲸	须鲸
有细密的牙齿,以鱼类、乌贼、海豹等为食。	没有牙齿,有梳状须,以浮游生物为食。

▲ 海豹

▲ 海狮

▲ 海象

海豹、海狮和海象

海豹、海狮和海象因为四肢退化，已经完全失去在路上行走和站立的能力。在陆地上时，只能靠身体缓慢蠕动前行。

▼ 海牛

海牛

海牛喜欢吃水草，食量也大，所以，在海牛经常出没的河口和浅海处，很少出现航道被水草堵塞的现象。

长鼻子的大象

大象是陆地上最大的食草动物,最明显的特点是有一条长而灵活的大鼻子。全世界的大象主要分布在亚洲和非洲,因此形成了大象家族两个重要的成员,亚洲象和非洲象。

庞大的体型

大象身躯庞大、身形很高,除了长鼻子,还有蒲扇似的大耳朵以及长长的獠牙,四条粗壮如柱子般的腿支撑着它们庞大的身躯。

▲ 大象的鼻子

奇特的长鼻子

大象的长鼻子拥有很多肌肉及控制器官,不仅强壮有力、有韧性,还非常灵活,能挑取很细小的东西。

关键区别

非洲象	亚洲象
非洲象广泛分布于非洲大陆,身体比亚洲象大,鼻端有2个指状突起。	亚洲象主要分布在印度、泰国、柬埔寨、越南和中国,耳朵、身体比非洲象小,鼻端有1个指状突起。

象宝宝

大象宝宝在出生以前,要在母亲肚子里待600多天。刚出生的小象能很快学会站立,之后它就要跟在妈妈身边,随着象群四处游走。

河马发怒

河马本身性情温顺，但真要发起怒来，连小船都能咬成两半。有了小宝宝后的河马妈妈尤其如此，为了保护孩子，它们会变得异常敏感和粗暴。一旦发怒，连鳄鱼都要让它们几分。

▲ 河马晒太阳

干燥的皮肤

河马身上几乎没有毛，而且皮糙肉厚。如果皮肤长时间暴露在阳光下，会因水分蒸发快而干裂，所以河马要经常潜在水里。

河马的生活

河马喜欢吃草，饿极了也会吃肉。它们经常成群生活在一起，白天大家都待在河里或河岸边休息，晚上凉快了才出来找吃的。

慈爱的妈妈

小河马出生后，河马妈妈会带着它单独生活两个月。母子经常安静地躺在水边休息，小河马会紧紧依偎在妈妈身边。如果妈妈想带它下水，小河马会主动爬到妈妈背上或脖子上。

不怕干旱的骆驼

我们最熟知的骆驼,就是被称为"沙漠之舟"的双峰驼。它们坚韧强壮、耐饥耐渴,是人们穿越沙漠时的向导,也是人们运输货物的好帮手。其实,骆驼家族可不止这一种骆驼呢!

别惹骆驼生气

骆驼性情温顺,很容易与人亲近,但生气发怒的时候会变成另一个样子。它们不光会朝人吐口水,甚至连胃里的东西也会吐出来。所以,没事千万别惹骆驼生气。

双峰驼

双峰驼有野双峰驼和家养双峰驼两种。野双峰驼比家养双峰驼个头小,驼峰也小,但与行动缓慢的家养双峰驼相比,它们行动起来更敏捷。

▼双峰驼

▼单峰驼

单峰驼

单峰驼腿细长,比双峰驼个头高,但偏瘦。如果有陌生人接近,单峰驼很容易激动。生气时,它们还会有踢腿和奔跑的表现。

▲ 骆马

▲ 原驼

骆马

骆马体形像小马，头和胸部像骆驼，但远比骆驼小，也没有驼峰。它们生活在南美洲高海拔的山地上，像骆驼一样忍饥耐劳。

原驼

原驼是野生的骆马，也生活在南美洲。身体互撞和吐口水是雄原驼争地盘的主要方式。领地确定后，雄驼会慢慢组建一个由它带领，包括数头雌驼和幼驼的大家庭。

驼峰里是什么

鼓鼓的驼峰里藏的是水吗？不是，是脂肪。如果骆驼在沙漠里找不到食物，它们会消耗驼峰里的脂肪来补充体力。时间长了，脂肪耗完了，驼峰变空，就会像口袋一样耷拉下来。

羊驼

羊驼本来生活在南美洲，外形像绵羊，有着细密浓黑的长睫毛、清秀的大眼睛，但它们耐饥渴、脖子细长这些特点又和骆驼相似，所以也被称为美洲驼。

骆驼为什么耐渴

因为骆驼的胃可以储水；骆驼的血浆能自己维持水分；骆驼的鼻子能减少水分散失；通过调节体温控制水的消耗；皮肤很少出汗；排尿少；粪便干燥等。

爱吃草的动物

说到爱吃草，你会想到什么动物？各种的鹿，生活在野外的野猪、野牛、羚羊，它们都是爱吃草的动物。除了爱吃草，它们还有个相同之处，那就是脚趾都是2个或4个，叫偶蹄动物。

鹿

长颈鹿、梅花鹿、麋鹿，名字里有鹿的动物，基本上都能归入鹿这个大家族里边。鹿家族有个共同点：雄鹿头上都长着实心角，雌鹿都没角。

▲ 梅花鹿

羊

这里所说的羊，主要指生活在野外的羚牛、斑羚羊、藏羚羊、山羊、盘羊、岩羊等，可真是个成员众多的大家庭呢！

▼ 羚羊

野猪

野猪也叫山猪,虽然是猪,也爱吃,但比起家猪,野猪可要凶猛多了。它们长有尖尖的獠牙,可以作为进攻武器。

▲ 野猪

牛

我们这里说的牛主要指生活在野外的牛科动物,包括野牛、野水牛,各种大羚羊、林羚。它们无一例外、不分雌雄,头上都有空心的角。

◀ 野牛

啮齿类动物

啮齿类是哺乳动物中种类数量最多的，豪猪、松鼠、鼠、河狸都是啮齿动物，突出的门牙是它们共有的特征。啮齿动物虽然长得小，但繁殖能力很强，尤其是鼠。

▼ 松鼠

松鼠

这里说的松鼠是我们最常见的普通松鼠。它们喜欢吃各类坚果，有时也会吃树叶、昆虫，甚至掏鸟窝偷蛋。冬天到来前，它们会为自己收集大量的坚果，储藏起来过冬。

鼠类

鼠类大概是哺乳动物中繁殖能力最强的成员了。有些鼠类每年可产 6~8 窝幼仔，每胎产仔数量多的能达 7~8 只，一年下来就得有几十只。是不是很惊人？

▲ 老鼠

嘴里的颊囊

啮齿动物的门齿和颊齿之间有很大空隙，有的嘴里还长着临时贮存食物的颊囊，比如松鼠。松鼠吃坚果时，食物塞得连腮帮子都能鼓起来，那是因为它把食物塞进了颊囊里。

松鼠和它的近亲			
普通松鼠	睡鼠	鼯鼠	竹鼠

河狸

河狸既能在水里活动，也能在陆地上生活。它们喜欢在水边筑巢，还能在水里修大坝，具有改造自己栖息环境的能力。

▲ 河狸

豪猪

豪猪身上布满了坚硬的棘刺，遇到危险时它会把棘刺竖立起来抖动，发出沙沙的声响。危急时，豪猪会发力扑向敌人，将满身的棘刺插入对方的身体。

▼ 豪猪

长耳朵的兔子

提到兔子，大家都很熟悉，有的小朋友甚至还养过兔子。兔子长着长长的耳朵，上唇中间分裂，尾巴短而上翘，前肢比后肢短，善于跳跃，跑得很快。

▶ 家兔

长耳朵的妙用

兔子的长耳朵可以上下左右转动，非常灵敏。除了用来听音、辨别方向，耳朵还是兔子调节体温的工具，天热时可以散热，天冷时可以耷拉下来御寒。

兔子的眼睛

兔子的眼睛长在脸的两侧，不像人眼是长在正前方，所以兔子的视野比我们开阔。不过，兔子不能分辨立体的东西，对近在眼前的东西也看不清楚。

兔子的长耳朵

兔子的眼睛

白兔眼睛是透明的

兔子的眼睛其实有各种颜色，往往跟它们的毛色相一致，这是因为它们眼睛里有色素。白兔的眼睛本身是透明的，当眼睛里的血管反射了外界光线后，就显出了红色。

▲ 野兔

家兔和野兔的区别

家兔宝宝出生时全身无毛，眼睛无法睁开，听力很差，基本无行动能力；野兔宝宝出生时全身有毛，眼睛和耳朵能看、能听，出生数天后就能四处行走，自己进食。

兔子的三瓣嘴

所有的兔子都有一张三瓣嘴，为什么会这样？因为兔子爱吃草，为了便于将草根和草叶尖塞入嘴里，它们的嘴巴才进化成了这样，增强了嘴唇的灵活性。

兔子蹬腿求生

野兔四肢强壮有力，躲避敌害和危险的方式是快速奔跑、急速转弯，危急时刻更会拼尽全力使用后腿猛踢或猛地蹬对方一脚。

▲ 兔子求生

兔子吞便

兔子的肠胃很特殊，能产生两种粪便。一种是常见的圆形干粪球，一种是富含维生素、潮湿的软粪球。为了不让营养物质丢失，软粪球排出后，兔子会再立即将粪球吞回肚里。

奇特的哺乳动物

大千世界无奇不有,在神奇的大自然中,一切皆有可能。就像下面我们将看到的这些奇奇怪怪的哺乳动物,对我们而言它们真是相当奇特,对大自然来说,它们都是普通的生命。

◀ 鼯猴

鼯猴

鼯猴长着一张大而薄的滑翔膜,能在树丛间作长距离的滑翔。因为它的身体很像啮齿类的鼯鼠,脸又长得像灵长类的狐猴,所以被称为鼯猴。

雄鹿豚打架

在鹿豚的世界里,雄鹿豚的长牙越美观整洁,才会越受雌鹿豚青睐。所以雄鹿豚在打架时,想的不是怎么让对方受伤,而是如何把对方的长牙给折断。是不是有点意思?

▼ 鹿豚

鹿豚

生活在印度尼西亚的鹿豚是世界上最奇特的动物之一,那突出在雄鹿豚脸部的4支长牙就像给它们戴的面具,充满了诡异的色彩。

▼ 树懒

树懒

树懒有着圆圆的脑袋和一条短尾巴，它们常年生活在树上，用爪子勾住树枝倒挂着睡大觉，只在需要时才做缓慢移动。

獾狐狓的蓝舌头

獾狐狓的舌头是蓝色的，约有30厘米长。长舌头除了用来卷取树叶外，还经常被獾狐狓用于清洁眼睛和耳朵，功能还真是不少呢！

▼ 獾狐狓

獾狐狓

生活在非洲的獾狐狓，因为身体后部有黑白交替的条纹，整体模样又和长颈鹿相似，曾被误解为是长颈鹿与斑马共同的后代。事实上它们和斑马并不是近亲。

图书在版编目（CIP）数据

我的第一套视觉百科. 哺乳动物 / 张功学主编. --西安：未来出版社，2017.12（2023.4 重印）
 ISBN 978-7-5417-6344-1

Ⅰ. ①我… Ⅱ. ①张… Ⅲ. ①科学知识—少儿读物②哺乳动物纲—少儿读物 Ⅳ. ①Z228.1②Q959.8-49

中国版本图书馆 CIP 数据核字（2017）第 317268 号

我的第一套视觉百科（精装）
WO DE DIYI TAO SHIJUE BAIKE
哺乳动物
BURU DONGWU

主　　编	张功学
丛书统筹	魏广振
责任编辑	雷露深
美术编辑	许　歌
出版发行	未来出版社发行
地　　址	西安市雁塔区登高路 1388 号　邮编：710082
电　　话	029-89122853
开　　本	889 mm × 1194 mm　1/16
印　　张	3.5
字　　数	60 千
印　　刷	万卷书坊印刷（天津）有限公司
版　　次	2018 年 4 月第 1 版
印　　次	2023 年 4 月第 3 次印刷
书　　号	ISBN 978-7-5417-6344-1
定　　价	39.80 元

版权所有　侵权必究